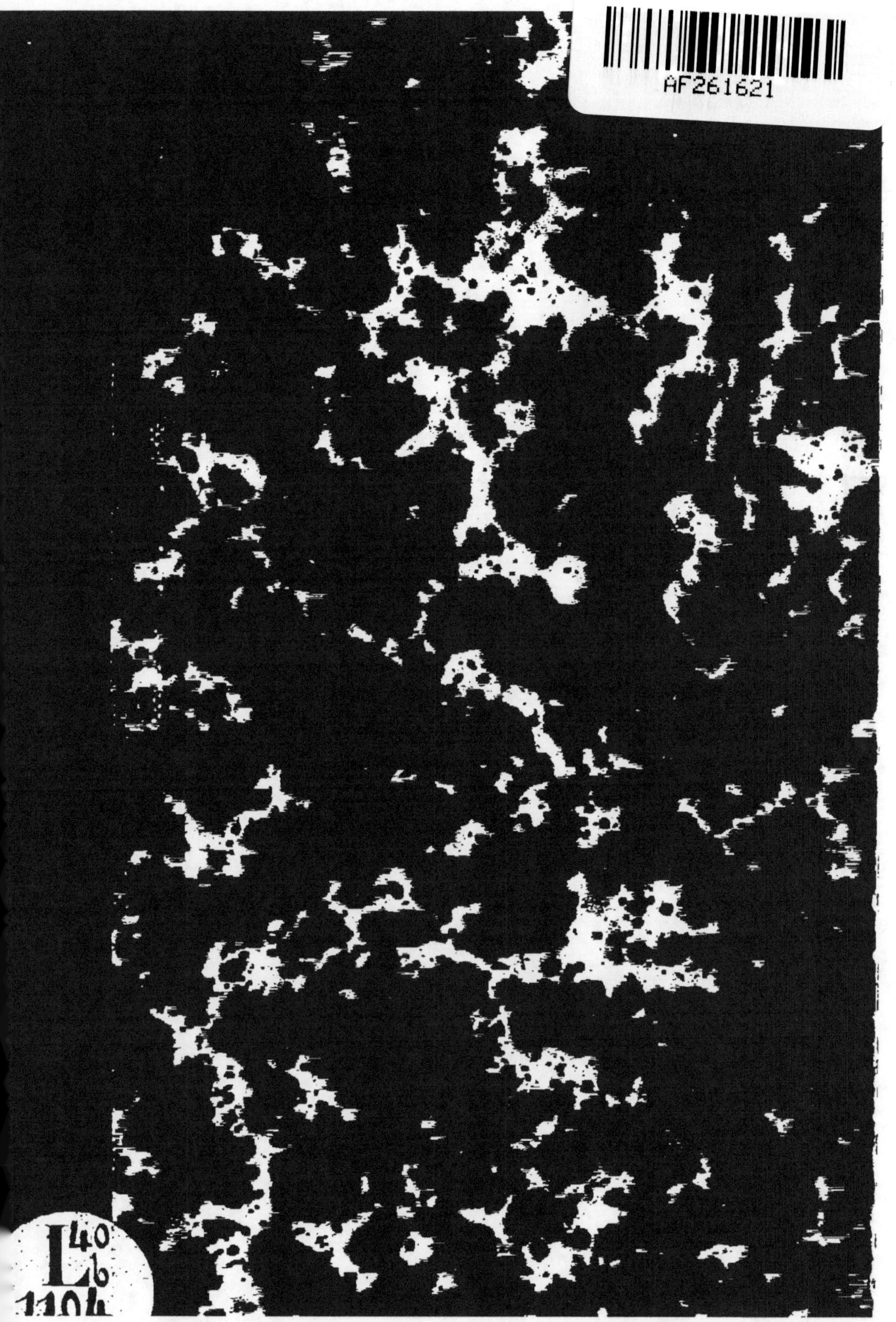

DISCOURS

PRONONCÉS

DANS LA SÉANCE EXTRAORDINAIRE

DE LA SOCIÉTÉ

DES AMIS DE LA CONSTITUTION

JACOBINS DE STRASBOURG;

À

L'OCCASION DE L'ANNIVERSAIRE DE LA MORT

DE

MIRABEAU.

*Avec l'Extrait des régistres de la société,
du même jour.*

AVRIL 1792,

L'AN QUATRIÈME DE LA LIBERTÉ.

STRASBOURG,

chez JEAN GEORGE TREUTTEL, Libraire.

Extrait des régistres de la Société des amis de la Constitution, séante au miroir à Strasbourg.

Séance extraordinaire du 2 Avril.

La Société des amis de la Constitution tint cette Séance dans la grande salle de spectacle.

Charles Laveaux, orateur françois, prononça au nom de la Société le discours françois, adopté pour l'éloge de Mirabeau. De nombreux applaudissements attestent la satisfaction de l'assemblée.

L'Orchestre exécute l'ouverture d'Iphigénie et un choeur d'Orphée, dont les paroles avoient été adoptées à la circonstance. Pendant ce dernier morceau, douze jeunes citoyennes, vêtues de blanc, avec des ceintures noires, apportent des fleurs au pied du buste du grand homme, et deux d'entre elles posent sur sa tête une couronne civique.

Un membre de la Société s'approche ensuite de ce buste, et orne du signe de la liberté, la tête de celui qui l'a irrévocablement conquise à ses concitoyens.

Euloge Schneider, orateur allemand, retrace au nom de la Société le tableau des

)(

efforts et des succès de Mirabeau, pour la liberté françoise. L'assemblée applaudit à diverses reprises.

A la fin de ce discours les membres de la Société, les députés des Sociétés patriotiques des deux départements du Rhin, et tous les spectateurs, prêtent avec enthousiasme, le serment dont la formule nous avoit été envoyée par nos frères du département de la Vendée. Cette cérémonie est suivie de fanfares.

Un membre de la Société monte à la tribune, et prononce un discours souvent interrompu par des applaudissements. En rappellant les bienfaits de Mirabeau, il invite les citoyens à soulager par leur bienfaisance, les maux de nos frères, de nos égaux en droits, mais inégaux en fortune.

Trois citoyennes patriotes font une collecte qui rapporte plus de 600 liv. L'Orchestre exécute divers morceaux analogues à la fête; l'air *ça ira* est répété à diverses reprises, et toujours vivement applaudi.

DISCOURS

DISCOURS.

PRONONCÉ au nom de la Société des Amis de la Constitution des Jacobins séante à Strasbourg, dans la séance du 2 Avril 1792, 4me de la liberté ; séance uniquement consacrée à célébrer l'anniversaire de la mort de MIRABEAU,

PAR J. CH. LAVEAUX, Membre de cette Société.

HOMMES LIBRES, FRÈRES ET AMIS,

LE tems n'est plus où la France esclave, se traînoit en longs habits de deuil, sur la tombe des tyrans, forcée de louer ses bourreaux, de gémir sur leur mort après avoir abhorré leur vie.

La liberté qui nous rapproche de l'Être suprême, a brisé le sceptre du mensonge, la vile flatterie ne souille plus les lèvres du vrai François, il ne loue plus par crainte, il blâme avec courage, d'après les faits, d'après son cœur.

Frères et Amis, ce n'est pas d'un grand que nous célébrons aujourd'hui la mémoire, mais d'un homme, d'un citoyen, du bienfaiteur de ses égaux. Nous n'avons point à chercher son éloge dans de vils parchemins, dans des faveurs honteuses, dans des exploits inhumains, dans des vertus factices et mensongères. Que dis-je, un éloge ? Les François n'en feront plus. Quiconque a fait le bonheur des hommes, son nom est gravé dans le cœur des François en caractères ineffaçables, en traits de feu; et quel éloge est comparable à l'admiration, à la reconnoissance d'un peuple libre !

O MIRABEAU ! toi dont le courage a conquis la liberté dont nous nous réjouissons; toi qui mille fois exposas ta vie pour arracher la nôtre au poignard des tyrans ; toi qui brûlas jusqu'à ton dernier soupir du désir d'embraser tout le globe du feu sacré du patriotisme, dis! quels hommages peuvent plaire à ton ame sublime ? Je lis ta réponse dans tes écrits, je la vois dans ta conduite. Ta passion dominante fut le bien de l'humanité; si quelque chose peut plaire à ton ame céleste, c'est la propagation de tes principes, l'imitation de ta fermeté, de ton courage, de tes sacrifices. Amis! ne nous amusons point à verser des pleurs sur le tombeau de ce grand homme; n'amollissons point nos ames par les langueurs d'une foiblesse sentimentale! Rappellons-nous sa conduite; portons un regard avide sur l'ensemble de ses travaux, attirons dans nos cœurs les rayons qui en émanent de toutes parts, jurons d'imiter ses vertus !

Ses vertus!... A ce mot j'entends les sarcasmes des méchants, je vois les sourires amers de ces hommes routiniers qui n'appellent vertu que la bassesse de l'esclavage, les niaiseries de la superstition, ou les fureurs du fanatisme. Oui, hommes injustes,

Mirabeau fut vertueux, et si sa jeunesse fut obscurcie par des écarts, si elle fut troublée par des excès; ce n'est pas à sa belle ame qu'il faut s'en prendre, mais à vos odieuses institutions, à votre régime barbare; à vos mœurs féroces et corrompues, à la voute de fer que vous aviez étendüe entre le ciel et la terre, pour briser sans cesse les influences de la nature. En effet, sous l'ancien régime, qu'étoit-ce que la vertu? le rafinement de l'intrigue; l'art de ramper aux pieds des tyrans, pour obtenir une vile part à la tyrannie; l'admiration des bourreaux du peuple; le silence au milieu de l'oppression, un stupide respect pour les atrocités du gouvernement. Si c'est cela qu'on appelle les vertus, Mirabeau n'en eut point; mais aux yeux des hommes libres, ce sont des crimes. Né avec une ame sensible, source précieuse de toutes les vertus, foyer toujours actif des actions grandes et sublimes, Mirabeau cherchoit autour de lui un aliment à ses penchants généreux, une carrière à son ame courageuse. Il n'en trouva point. La tyrannie environna son berceau, la persécution s'attacha sur ses pas; et même dans la maison paternelle, l'indifférence et la dureté repoussèrent toujours les épanchements de son cœur. Dans cette gêne accablante, que peut devenir une ame ardente, vivement pénétrée du sentiment du juste et de l'injuste, enflammée par le besoin pressant d'une généreuse activité? Elle vouloit s'élancer vers les cieux, elle est rejettée sur la terre. Alors aigrie par l'injustice, tourmentée par l'inquiétude d'une gloire dont toutes les avenues sont fermées, elle méprise la tourbe des hommes, ne daigne pas se plier à la contrainte de leurs institutions ; et n'élève la voix que pour braver les tyrans. Dans les tems hideux de la tyrannie, ce noble mépris, cette fermeté généreuse, est l'unique vertu du sage.

Qu'elle est belle cette vertu, qu'elle est grande, qu'elle est sublime ! Qu'il est admirable et digne d'être imité, l'homme qui, au milieu du silence de la crainte, de l'abattement de l'esclavage, du découragement de la vertu, ose, même dans les fers, élever courageusement la voix, frapper l'oreille des tyrans des accents de la raison et de la justice, et réveiller dans le fond de leurs ames impures, le serpent du remords !

Tel fut MIRABEAU. Persécuté par une famille injuste, proscrit, errant de ville en ville, dépourvu de tout, livré à la vengeance paternelle, enfermé par lettre-de-cachet, et traité comme un vil criminel ; son crime étoit d'avoir une fortune que convoitoit le mari de sa sœur, le prétexte une erreur de l'amour. Du fond de sa prison, il ne s'abaissa point à des supplications, il parla le langage de la justice et de la raison, il resta libre dans les fers ; et le sentiment de ses maux s'étendit sur tous ceux qui pouvoient être exposés à en éprouver de semblables.

C'est là, c'est au donjon de Vincennes, où il étoit enfermé par lettre-de-cachet, qu'il écrivit son ouvrage sur les lettres-de-cachet. Le glaive du tyran étoit suspendu sur sa tête, suspendu à un fil, et MIRABEAU oubliant le danger, embrasé de l'amour de la liberté, traçoit la sentence du tyran. Il écrivoit au peuple : ce glaive est un poignard ; celui qui l'a suspendu est un assassin, il viole la justice et les lois. Cet ouvrage fut le second qui sortit de sa plume ; le premier produit par la même hardiesse et le même zèle, étoit un essai sur le despotisme.

De ces deux ouvrages, où respire l'amour du peuple et l'horreur des tyrans, partirent les premiers traits lancés contre le pouvoir arbitraire. Forte des arguments de MIRABEAU, toute la France cria à l'approche des Etats-généraux : *plus d'ordres arbitraires, plus de lettres-de-cachet, plus de tyrannie, plus de tyrans.* Les députés de la nation répétèrent ces cris, et le despote effrayé frémit à la voix du peuple en courroux.

C'est à MIRABEAU encore, c'est à ce philosophe-citoyen, que nous devons le développement du principe de l'égalité ; principe étouffé depuis des milliers de siècles, sous un amas de préjugés barbares. Un homme que l'on avoit cru grand, parce que son siècle étoit petit ; Montesquieu, avoit dit : *Point de monarchie sans noblesse.* MIRABEAU aussi noble que Montesquieu, plus véritablement éclairé, ou peut-être plus hardi et plus sincère, MIRABEAU osa dire au peuple et aux grands : *Point de liberté sans égalité.* L'Amérique libre avoit établi un ordre héréditaire, sous le nom de *Cincinnatus.* MIRABEAU écrit contre cet ordre, contre ces distinctions injurieuses à la nature, toujours fatales à la liberté ; il en prouve l'injustice et le danger ; et ce nouveau trait de lumière, va se concentrer dans l'opinion publique, pour se reproduire avec éclat au moment de la révolution.

C'est avec le même courage qu'il prend contre le despote Joseph II, le parti des Hollandois libres, contre un nouveau roi de Prusse le parti de ses peuples opprimés, contre ce même roi le parti des Hollandois sacrifiés. Personne encore, si ce n'est lui peut-être, personne ne prévoyoit que la France alloit rompre ses fers, et déjà MIRABEAU parloit aux peuples comme si les droits de l'homme, décrétés de toute éternité dans le conseil de l'Être suprême, l'eussent été dans les assemblées souveraines de toutes les nations.

Mais passons sur les autres traits de sa vie; venons au moment où la renommée annonce à l'univers le réveil de la France, et l'embarras de ses tyrans. A la première nouvelle, MIRABEAU accourt de la Prusse, il vole dans la Provence, il lutte contre cette caste privilégiée dans laquelle le sort l'avoit fait naître; il déchire à leurs yeux et rejette loin de lui, cette gothique bigarrure de titres et de blasons, cette vile et ridicule livrée des tyrans, dont le noble tiroit vanité, comme le mulet marchant sous le bâton des valets de son maître, s'enorgueillit de son panache et de ses grelots. Débarrassé de cet attirail qu'il méprisoit depuis long-tems, MIRABEAU sort de la classe abjecte d'homme de cour, il s'élève à la dignité d'homme du peuple. Au milieu des braves Marseillois, il leur communique son vertueux enthousiasme; il allume en eux le feu divin de la liberté; il réveille dans leurs ames cette mâle vertu des

Phocéens leurs ancêtres, et bientôt la Provence entière ne compte plus parmi les hommes du peuple que des patriotes et des citoyens.

O Marseillois, je ne puis prononcer votre nom, sans me livrer au doux sentiment de la reconnoissance! Je vois vos braves ancêtres, les généreux Phocéens, les précepteurs des Grecs, quitter l'Asie mineure, livrée aux despotes de la Perse, ne laisser à leurs ambitieux tyrans que des murs vides et des cadavres, et apporter sur la terre que nous habitons, aujourd'hui fertile et cultivée, alors inculte et barbare, y apporter les sciences et les arts, les loix et les mœurs, le commerce et la philosophie, tous les talens et toutes les vertus. Aujourd'hui, après dix-sept siècles écoulés, je vois les descendants de ces mêmes hommes rallumer les premiers le flambeau de la liberté; je les vois au milieu des préjugés de toute espèce, apprécier un grand-homme que ravaloit le préjugé, dévancer à son égard l'opinion du reste de la France, déposer dans son sein leurs vœux et leurs intérêts les plus chers, et jurer d'imiter l'exemple de leurs fondateurs, plutôt que de souffrir l'ignominie d'un nouveau joug. Fidèles à leurs serments, je les vois dans ce moment même, voler à la défense de la France trahie, renverser les remparts de la trahison, et détourner le coup fatal que l'infame aristocratie portoit à la liberté, après l'avoir clouée sur le revers de la loi, comme le patient sur l'échaffaut.

Aix et Marseille se disputent l'honneur d'avoir MIRABEAU pour député. Qu'importe à laquelle il donne la préférence ! Par ses soins éclairés, par ses travaux généreux, bientôt les barrières disparoîtront entre ville et ville, entre province et province; la France entière ne fera plus qu'une seule cité, et MIRABEAU sera le député de tous les François.

Mais où m'emporte mon admiration pour ce fondateur de notre liberté ? Je ne vous l'ai pas encore peint, saisissant le gouvernail de la révolution, et déjà peut-être j'ai passé les bornes que j'aurois dû me prescrire; déjà vos cœurs impatients ont devancé la lenteur de mes discours; déjà l'éclair de votre reconnoissance a parcouru l'espace entier de sa glorieuse et bienfaisante carrière.

En effet, est-ce à des François libres, est-ce à des amis de la Constitution, est-ce à des Jacobins, à des hommes invariables dans les principes de MIRABEAU, qu'il faut peindre les travaux législatifs de ce grand-homme ? Mieux que moi, sans doute, vous savez tous comment il abattit l'orgueilleux égoisme qui séparoit du peuple les deux ordres privilégiés; comment il terrassa d'un seul mot, le satrape insolent qui osoit ordonner au nom de son maître, aux représentants du peuple François, de sortir de l'enceinte où ils vouloient rester assemblés; comment il environna les législateurs d'une inviolabilité sacrée; comment il demanda l'éloignement des satellites armés dont la cour avoit environné les représentants du peuple et la capitale de l'Empire; comment ces satellites, frappés de ses discours, étonnés de son courage, furent changés en hommes justes et libres, en citoyens François, en défenseurs de la liberté.

Qui d'entre vous ignore qu'il sauva la France de sa perte, le peuple d'une misère irréparable, la nation Françoise d'une banqueroute à jamais honteuse ; en prouvant que cette nation étoit propriétaire des biens du clergé ; en rendant à la raison, à la justice, à l'humanité, des biens que les filouteries de la superstition avoient enlevés à l'ignorance de nos ancêtres ?

Qui ignore que, lorsque l'assemblée constituante, tiraillée par les valets de l'aristocratie, étoit prête à se laisser entraîner ; que lorsqu'épuisée par des efforts continuels, rebutée par des obstacles décourageants, elle se laissoit aller à l'abattement, au sommeil, MIRABEAU paroissoit à la tribune, et tel qu'un lion rugissant, il terrassoit les traîtres, excitoit les lâches, réveilloit les assoupis ; et repoussoit lui seul dans la route de la liberté, le char de la législation Françoise. De même lorsque les partis s'étoient choqués, lorsque le tumulte des passions avoit troublé le sanctuaire des législateurs de la France, MIRABEAU se levoit encore. C'étoit le soleil qui paroissant tout-à-coup après l'orage, dissipoit les ténèbres de l'horison, et rendoit à la nature les riantes couleurs de l'espérance et de la joie. Oh ! si le mauvais génie de la France ne l'eût pas enlevé au milieu de sa carrière ; s'il eût vécu jusqu'à l'achèvement de la Constitution, on n'auroit pas vu l'assemblée constituante, livrée à des traîtres, qui saisissant la confiance qu'ils avoient insidieusement usurpée, en forgèrent des poignards, et les portèrent sur le cœur de la liberté. On n'auroit pas vu notre Constitution, le plus bel ouvrage qui soit jamais sorti du cerveau de la sagesse humaine, menacée dès sa naissance, par ceux qui lui avoient donné l'être; hommes barbares et dénaturés qui après s'être livrés au plaisir divin de la création, vouloient dévorer eux-mêmes leur propre ouvrage! S'il eût vécu, cet ami du peuple, cet homme que le peuple appelloit si justement l'hercule de la révolution, il auroit, de sa massue terrible, abattu les monstres que le feuillantisme vomissoit contre le peuple; il auroit étouffé ces serpents venimeux qui, déguisés sous les couleurs de la liberté, se glissoient dans tous les sanctuaires de la nation, siffloient par-tout l'esclavage et la honte, rampèrent enfin sur toutes les contrées de l'Empire, pour y répandre leurs subtiles poisons.

Il est mort! Sa perte a laissé dans l'empire un vide qui n'est point encore rempli; qui s'est aggrandi, depuis qu'il n'est plus là pour effrayer les traîtres.

Frères et Amis, c'est à nous, autant que nous le pourrons, à le remplir, ce vide effrayant pour la patrie! Animons-nous au flambeau de son exemple, restons comme lui fermes dans la liberté, inébranlables dans l'amour de l'égalité, incorruptibles dans les principes, inflexibles aux tyrans. Opposons comme lui un front d'airain à ces traîtres audacieux, qui croient encore nous effrayer avec les traces honteuses de leur pouvoir antique et ridicule. Rejettons loin de nous, toutes les formes de l'esclavage; ne voyons dans l'homme que notre égal, dans nos agens que les indicateurs et les exécuteurs de la loi, dans tous nos concitoyens, que nos frères.

Eh! ne croyez pas, Frères et Amis, ne croyez pas qu'à l'époque où nous sommes parvenus, nous ayons besoin d'un courage moins grand, moins sublime, qu'à celle où Mirabeau foudroya l'hydre de l'ancien régime. Alors tous les esprits étoient échauffés, le peuple voyoit ses tyrans, l'œil enflammé, la menace à la bouche, le poignard d'une main, la flamme de l'autre, braver audacieusement sa liberté, l'insulter jusque dans le temple qu'il avait élevé à ses représentants; alors le riche et le pauvre, le noble et le bourgeois, l'homme des villes et celui des campagnes, rassemblés par le danger, réunis par le besoin d'un secours mutuel, s'embrassoient, se caressoient, se juroient à jamais une amitié fraternelle. Les tems sont changés. Le tigre de la tyrannie a retiré ses griffes; il s'est affublé d'une peau d'agneau; ne pouvant plus mordre, il caresse; ne pouvant plus s'abreuver de sang, il feint d'abhorrer le sang. Cependant les passions s'appaisent, la sécurité circule, l'habitude de l'orgueil couverte un instant par le danger, reparoît avec un sourire perfide; l'habitude de l'esclavage, éloignée par un moment d'enthousiasme, repousse sous le joug le François trop crédule; le riche s'éloigne insensiblement du pauvre qu'il dédaigne toujours, le pauvre reprend son admiration machinale pour le riche, dont il ne voit que l'or; l'agent du peuple se croit encore l'homme du roi, le citoyen se croit encore un sujet. Au milieu de cet engourdissement perfide, le vrai patriote dont l'œil pénétrant apperçoit les dangers de l'avenir dans les dispositions du présent; le vrai patriote passe pour un enthousiaste, pour un factieux, pour un ennemi de la paix. S'il communique son ardeur civique à quelques ames pures et désintéressées, il en est mille qui, dans leur fatal engourdissement, se laissent couler sur la pente aisée où ils ont été attirés soit par insouciance, soit par intérêt, soit par foiblesse de caractère. Au milieu de ces circonstances, de quel courage n'a pas besoin l'homme ferme qui toujours a su se soutenir au niveau de la révolution ? MIRABEAU se battoit corps à corps avec la tyrannie démasquée, et nous avons à combattre l'intrigue sourde et cachée, à dévoiler les trames secrettes de la perfidie, à indiquer sous une plage tranquille, des abîmes ou des écueils, à faire appercevoir sous des fleurs, les dards de mille serpents prêts à nous donner la mort; à combattre des ennemis qui cachent le poignard sous le bouclier de la loi; à lutter sans cesse contre les erreurs d'un peuple trop facile que l'on abuse, et que l'on égare.

Ils vous trompent, Frères et Amis, ils vous trompent ceux qui vous disent que la révolution est finie. Non, elle ne l'est pas. Une révolution ne consiste pas dans des mots tracés sur le papier. Qu'importe les droits de l'homme et du citoyen, affichés dans vos places publiques, applaudis dans vos assemblées, s'ils ne sont en même tems gravés dans vos ames ? Qu'importent ces grands mots de liberté , de constitution , d'égalité , de règne de la loi ; si ces mots ne sont que sur vos lèvres, s'ils ne frappent que vos oreilles, s'ils ne passent point dans vos cœurs ? Qu'importe que vous parliez comme des Spartiates; si vous pensez comme des Perses, si vous agissez comme des Abdéritains, si vous vivez comme des Sybarites ?

Vous n'êtes point libres , si vous restez enchaînés à vos vieilles habitudes ; vous n'avez point de constitution, si vos mœurs sont de l'ancien régime ; vous ne connoissez point l'égalité, si vous n'embrassez le pauvre que lorsque vous avez besoin de ses suffrages ; vous n'êtes point gouvernés par la loi, si vous adorez servilement les hommes.

Des mœurs, Frères et amis, de nouvelles mœurs, voilà la révolution, voilà la constitution, voilà la liberté ! Oh ! si nos cœurs furent troublés par la crainte du danger, si notre courage fut abattu par les obstacles , si notre fermeté fut ébranlée par les séductions ; si notre ame fut attiédie par la langueur des lâches ; si notre amour-propre fut séduit par le poison des caresses , notre ambition par l'appât de quelques faveurs, notre intérêt par le faux éclat de l'or ; abjurons , abjurons à jamais nos craintes, nos foiblesses, nos vices, nos passions. Jurons tous, en présence du grand-homme dont la statue est sous nos yeux, devant l'Être suprême qui nous entend, par la vertu de nos ancêtres, les Gaulois, les Grecs, les Romains et les Francs ; jurons tous de maintenir notre liberté jusqu'à la dernière goutte de notre sang, de rester unis pour la défendre, d'opposer à nos ennemis un mur inexpugnable, de poursuivre les traîtres jusqu'au repentir, ou jusqu'à la mort. Jurons de former à nos frères persécutés un rempart de nos corps. Jurons de périr, plutôt que de traîner sur la terre asservie, notre pénible et honteuse existence.

O toi, qui hésiterois d'élancer du fond de ton cœur ce serment sacré, toi qui formerois, dans les ténèbres de ta conscience, le projet criminel de le violer; toi qui jurant franchise à la liberté, conserverois encore dans ton ame une goutte du fiel des tyrans, tremble! le Dieu des peuples libres remplit ce lieu de sa présence; ses récompenses sont inéfables, mais sa vengeance est terrible. Regardes autour de toi les membres épars des traîtres qu'il a frappés! vois les traces de la malédiction sur leurs cadavres, l'ignominie sur leur mémoire. Si la flamme de ton civisme n'est pure comme celle de l'astre du jour; si dans ton cœur, des passions d'or, de domination ou de sang balancent encore les passions civiques, arrêtes! — Ne profanes point par un parjure l'autel de la liberté; ne provoques point sur ta tête la vengeance du ciel et de la terre; ne fais point frémir d'horreur les mânes des généreux défenseurs, dont le sang a coulé pour ton bonheur et pour le nôtre; ne fais point frémir les mânes de Mirabeau! Sors, ah! sors plutôt de cette enceinte; vas te réunir à nos ennemis déclarés; et si la soif du carnage de tes frères *convulse* ton ame féroce, du moins n'ajoutes pas à tes crimes, le plus noir de tous les crimes, l'hipocrisie! Mais, non, restes, écoutes!... Où t'emportes ton ame égarée? Tu veux trahir ta patrie, faire égorger tes frères, livrer des millions d'hommes aux bourreaux! Malheureux! n'ès-tu pas un homme toi-même, n'est-ce pas une femme qui t'a porté dans son sein, une femme qui t'a allaité, des hommes qui t'ont nourri, des hommes qui t'ont soulagé dans tes maux, consolé dans tes peines? Ce pain que tu manges, ces vêtements dont tu te couvres ou tu te pares, tous ces objets qui se pressent autour de toi pour satisfaire tes besoins, tes goûts, tes plaisirs; il n'est pas un seul de ces objets, qui n'ait coûté au peuple des travaux, des sueurs, et peut-être la mort. Et c'est contre ce peuple que tu te déclares, c'est ce peuple que tu veux faire égorger; c'est pour ce peuple, ton bienfaiteur et ton père, pour ce peuple sans lequel tu expirerois nud sur la pierre, dans les horreurs du désespoir et du besoin; c'est pour ce peuple que tu veux relever des bastilles, creuser de nouveaux cachots, forger de nouveaux fers! Avide de dominations et de tyrannie, tu vas fouler aux pieds tous les sentiments de la nature, tu vas te dépouiller de toutes les vertus de l'homme, tu vas te faire tigre! Aux dépends de la vie de tes frères, tu veux des honneurs, des distinctions, de l'or? eh, malheureux!.... tu mourras demain.

Frères et Amis, non, non; j'aime à le croire, aucun de nous ne nourrit dans son cœur le germe de ces sentiments barbares. Ils sont à Coblence, ils sont en Espagne, ils sont dans les antres des tyrans, dans les repaires du fanatisme, ces monstres qu'agitent les Furies. Animés du saint amour des hommes, réunis sous les loix immuables de l'Eternel, nul de nous ne veut trahir la cause de la vérité, livrer la France au carnage, nos cités aux barbares, nos frères à des loups dévorants. Nul de nous ne veut repousser d'une main sacrilége le char de la liberté, que l'Être suprême a fait descendre des cieux, à la voix majestueuse du peuple. Nul de nous ne veut forger soi-même les fers de ses enfants, déchirer de ses propres mains leurs entrailles, étouffer dans le germe, une longue suite de générations d'hommes libres. Non, nous voulons l'union avec tous les bons, le courage et la fermeté contre les méchants; nous voulons le bonheur de tous les hommes; nous voulons la paix, l'égalité, la liberté.... ou la mort.

DISCOURS

Consacré à la mémoire de MIRABEAU, *et prononcé en Allemand à la Société des Jacobins de Strasbourg, le 2 Avril 1792, 4me de la liberté,*

PAR EULOGE SCHNEIDER,

l'un des membres de la dite Société; traduit de l'Allemand par l'auteur.

CONCITOYENS,

CE JOUR est le plus beau jour de ma vie. Vous m'avez invité à célébrer, par un discours, la mémoire de Mirabeau. Cette invitation, je la regarde comme une douce récompense de mon zéle, comme la preuve la moins équivoque de votre confiance, de votre estime, de votre amitié pour moi. Puisse le succés répondre à vos défirs! puisse-t-il justifier votre choix! puissé-je nourrir dans vos coeurs les sentimens généreux, que mon prédécesseur y a excités! puissé-je ranimer le saint enthousiasme qui brille encore sur vos visages, et graver plus profondément dans vos coeurs les vérités sublimes dont son éloquence vous a pénétrés!

C'est avec une sainte frayeur que j'entrai dans cette salle : c'est avec un sentiment analogue à celui de la religion, que je montai à cette tribune. Les amis de la

B

Constitution, outre la vénération qu'ils portent à l'Etre suprême, ont encore une espèce de religion particulière. Leur divinité, c'est la loi : leur autel, c'est la patrie : leurs prêtres, ce sont les fonctionnaires du peuple : leur ciel, c'est la liberté : leur enfer, c'est l'esclavage. Ils ont aussi leurs *Saints* canonisés, non par les oracles venaux et présomptueux d'un pontife ambitieux, mais par la voix unanime des plus sages et des plus vertueux des hommes. C'est autour du buste d'un tel *Saint*, que vous vous êtes assemblés aujourd'hui. Vous vous êtes réunis dans ce temple auguste, pour célébrer avec vos frères, la mémoire de MIRABEAU.

Et c'est moi, que vous avez bien voulu honorer de la charge sublime d'élever un monument à cet homme immortel. Puissent les larmes qui échappent à mes yeux, vous prouver combien je sais apprécier l'honneur de cette charge glorieuse ! Lorsque MIRABEAU mourut, je vivois encore dans un pays qui n'a ni constitution, ni liberté. Hélas ! je n'osois pas m'abandonner aux épanchemens de mon coeur affligé : une cour despotique m'obligea de cacher les larmes que je versois pour le plus grand homme de notre siècle.

Mais aujoud'hui je ne suis plus forcé à réprimer le torrent impétueux de mes sentimens : aujourd'hui j'ose pleurer solemnellement la perte de ce bienfaiteur du genre humain : j'ose le regarder, l'admirer, le présenter dans toute sa grandeur ; et nul courtisan méprisable, nul prêtre hypocrite, nul valet de prince n'ose m'arracher le pin-

ceau, dont je tâcherai de peindre l'image
du plus formidable de leurs ennemis.

Oui; frères et amis, je tâcherai de la
peindre, l'image sublime de l'ennemi le plus
redoutable du despotisme et de la superstition, l'image du plus respectable bienfaiteur de l'humanité, du plus profond des
penseurs, du plus énergique des orateurs,
l'image du plus grand homme de notre
siècle, l'image de MIRABEAU ! Peindre
MIRABEAU, c'est le préconiser : développer
ses principes, c'est éterniser sa mémoire :
exposer ses actions, c'est célébrer ses mérites.

Mais où trouverai-je les traits caractéris-
tiques pour former un tableau digne de cet
objet sublime ? c'est dans ses écrits, dans
ses discours, dans ses travaux législatifs,
que je dois les chercher ; et certes, je ne
manquerai pas de les y trouver. Il en est
des enfans de l'esprit, comme de ceux du
corps : aucun d'eux ne ressemble parfaitement à l'autre ; mais tous portent l'em-
preinte caractéristique de leur origine commune. Si je parviens à concentrer les res-
semblances dispersées parmi eux; j'ai donné
l'image fidèle de leur père commun.

Quand je réfléchis sur les premières
productions de MIRABEAU, j'y vois d'avance
le destructeur futur du despotisme. J'y vois
le crépuscule de ce système philosophique,
qui bientôt va éclairer l'hémisphère entier.
J'y vois ce feu d'une imagination féconde,
cette précision d'idées, cette connoissance
profonde de l'histoire des peuples, cette
soif insatiable de la vérité, cette haine in-
vincible du mensonge et de l'arbitraire, ce

penchant irrésistible vers la liberté, et toutes ces grandes qualités que l'immortel MIRABEAU a développées dans la suite, pour effrayer les tyrans, et étonner les peuples de l'Europe. J'y vois un fleuve qui sort impétueusement de sa source. Laissez-le parcourir quelque espace : bientôt il se répandra, pour porter le déluge sur le champ du despotisme, et la fertilité sur les propriétés des peuples ; et ce sera envain, que la tyrannie tâchera d'opposer une digue à son cours majestueux.

MIRABEAU fut un de ces hommes rares, que la providence ne fait naître que dans les siècles destinés aux grandes révolutions morales et politiques. L'idée, de régénérer un jour sa patrie, semble être née avec lui. C'est elle qui dirigea ses premiers pas dans le sanctuaire de la philosophie : c'est elle, qui le détermina à se consacrer avec une ardeur infatigable aux études de l'histoire, de la morale, et de la politique : c'est elle, qui le familiarisa avec les orateurs les plus célèbres de la Grêce et de Rome : c'est elle, qui occupa toute son ame dans sa solitude littéraire, et dans ses voyages dans plufieurs pays de l'Europe. Les terreurs du donjon, dans lequel il fut enfermé par les ordres d'un père barbare, les persécutions de la cour, les cabales de la prétraille, et toutes les vexations préparées par le despotisme, l'intrigue, et la superstition, furent pour lui autant de moyens pour développer les forces de son esprit, et pour murir ses vastes plans. Les obstacles ne servoient qu'à ranimer son courage, et augmenter ses efforts.

La triste situation de sa patrie donna une impulsion nouvelle à son énergie. C'est dans le délâbrement des finances, dans les extravagances de la cour, dans la corruption complette du clergé, et dans le désespoir de ce qu'on apelloit alors le Tiers-état, qu'il vit l'aurore de la liberté et la chûte prochaine du despotisme. De-là la rage de la cour : de-là les calomnies des prêtres : de-là le mépris orgueilleux de la noblesse. S'il avoit dépendu de ces ennemis implacables de la liberté et de l'égalité des hommes ; MIRABEAU ne seroit jamais monté sur ce grand théâtre, d'où il étonna l'univers. Mais le peuple fut plus juste que la cour, le clergé, et la noblesse. Le peuple sut chercher son défenseur au milieu de ses oppresseurs : il eut la prudence de lui confier la défense de ses droits sacrés et imprescriptibles. C'est alors que la fin de la tyrannie étoit venue : le moment où MIRABEAU fut nommé représentant du peuple, fut le moment de la mort du despotisme.

Muni des connoissances les plus étendues, formé par l'expérience, pénétré du véritable esprit de la législation, armé d'une éloquence toute puissante, il entra dans le cercle auguste des députés de la nation. Son premier travail fut l'abolition des trois différens états, et l'affermissement du premier article de toute constitution libre, c'est-à-dire, de la souveraineté du peuple. Soutenu par les champions de l'assemblée, et encouragé par les fières dispositions de la capitale, il renversa le mur que le despotisme et le préjugé avoient établi pour séparer les citoyens du même empire, les membres de la même famille.

Ce fut envain, que la politique de la cour, semblable à un serpent astucieux, se tournoit de mille manières tortueuses : ce fut envain, que des hordes armées osoient menacer les représentans du peuple : ce fut envain qu'un roi foible tâchoit de rompre la chaîne d'airain formée par les défenseurs de la nation. *Dites à ceux*, dit MIRABEAU aux satellites du despotisme, *dites à ceux, qui vous ont envoyés, que nous sommes ici par la volonté du peuple, et que nous ne sortirons que par la force des bayonnettes.* Il n'en falloit pas plus pour arracher la foudre des mains du despotisme. Elle tomboit dans la poussière, et la Majesté de la nation s'élevoit sur son trône éternel. Le rocher qui couvroit le tombeau de la liberté fut ôté; elle pouvoit rentrer dans la vie, et annoncer aux peuples leur délivrance de l'esclavage. Le fondement de la tyrannie fut renversé : le fondement de la Constitution fut posé.

Loin de nous la pensée d'obscurcir les mérites des autres grands hommes, qui travailloient avec lui à cette entreprise gigantesque. Vous aussi, dignes collaborateurs de MIRABEAU, ennemis inflexibles du despotisme, restaurateurs des droits de l'homme et du citoyen, si long-tems méconnus, vous aussi méritez notre reconnoissance et nos éloges. Vos noms resteront à jamais gravés de caractères ineffaçables dans les coeurs des François! vous surtout, défenseurs incorruptibles du peuple, *Robespierre* et *Péthion* , et le petit nombre de ceux qui avec vous persévérèrent jusqu'à la fin, la postérité la plus reculée vous nommera avec enthousiasme. Mais vous êtes justes, et vous conviendrez vous-mêmes, que MIRABEAU fut l'ame de votre assemblée, et le ressort principal de la nouvelle création de l'empire françois.

Seroit-il bien nécessaire de justifier cette assertion par le récit de tous les mérites que MIRABEAU s'acquit en fondant et affermissant notre liberté ? n'étoit-ce pas MIRABEAU qui dessina l'esquisse de cet édifice auguste, établi par nos premiers représentans ? MIRABEAU ne fut point du nombre de ces petits hommes d'état, de ces pygmées politiques qui ne savent que détruire, mais non bâtir, que corriger, mais non créer. Il ressembla à la divinité qui ne détruit jamais rien, qu'elle ne remplace par quelque chose de mieux ; son génie opéra, comme la nature, qui ne détruit la semence que pour en donner la vie à une plante bienfaisante. Il n'agit jamais sans une méditation profonde : il n'attendit rien du hazard : tous ses pas furent éclairés et dictés par la réflexion. Mais dès qu'il eut une fois saisi son plan, il l'exécuta avec une fermeté, et une célérité sans exemple. La Déclaration des droits de l'homme sortit de son ame, comme Minerve du cerveau de Jupiter, dans sa force et son armure complette. La voilà, cette nouvelle déité : l'envie elle-même n'osoit pas critiquer ses charmes célestes. Elle est trop belle, s'écrioient les valets de cour, elle éblouit trop les yeux du peuple. Mais les valets de cour furent forcés à se taire : la déité resta, et elle restera tant que les mortels auront du sentiment pour la vérité et pour la justice.

Mais peut-être ne seroit-elle pas restée parmi nous, si le même homme, qui l'avoit produite, n'eût trouvé le moyen de l'entourer de gardiens et de défenseurs invincibles. Ces gardiens, ces défenseurs, c'étoient les citoyens du royaume, devenus soldats au moment même, où ils devenoient libres. MIRABEAU profita de la disposition de la capitale, et des talents de *Lafayette*, pour donner à la patrie le modèle imposant d'une armée de citoyens-soldats. Les premiers pas d'un peuple récemment éveillé du sommeil de l'esclavage, sont des pas rapides, des pas de géant. A peine la grande idée, de faire des soldats de tous les citoyens, étoit-elle adoptée par le sénat de la nation, que déjà dans toutes les parties de l'empire, les citoyens se rangérent sous l'étendart de la liberté. L'habitant de la ville et l'agriculteur prenoient les armes : et bientôt la nation offrit le spectacle étonnant d'une armée qui se chargea elle-même de la défense de ses droits, et de sa souveraineté.

Alors la liberté du peuple fut affermie ; alors les mains de nos Législateurs se délioient pour remplir cet abime affreux creusé par la dilapidation de la cour, et par la rapacité des ministres dans les finances de l'état. Le génie de MIRABEAU présida à ce travail immense : sa perspicacité perça les ténèbres de l'ancienne administration : elle découvrit le terrein, où avoient été

ensevelies jusqu'alors les richesses du peuple.
Les biens immenses du clergé furent déclarés
propriété de la nation, et servirent d'hypo-
thèque valable à la monnoie de l'état. C'est
ainsi que tout d'un coup fut trouvée la solu-
tion de ce grand problême qui avoit si long-
tems exercé l'activité inactive du détailleur
Necker. C'est ainsi qu'on retira des mains
du sacerdoce cette proie qu'il avoit ramassée
aux dépens de la raison humaine, et à l'opprobre de la religion. C'est ainsi que furent
rendus au peuple quatre milliards, dont s'en-
graissoient jadis , le faste de prélats igno-
rans, et le sybaritisme de fainéans sacrés.
C'est ainsi que MIRABEAU trouva le moyen
d'effacer les dettes de ce même peuple dont
il avoit conquis et fondé la liberté. C'est
ainsi qu'il nous donna *la déclaration des droits
de l'homme , la garde nationale, et les assignats.*

Je me borne, Frères et Amis , au récit de
ces travaux signalés de Mirabeau ; parce qu'ils
sont les plus intéressants, les plus fructueux,
les plus permanents pour la nation; parce
qu'ils suffisent pour nous faire apprécier la
sublimité de son esprit ; et que je ne finirois
pas, si j'allois me répandre sur tout ce que
nous devons à ses soins, à sa vigilance , à
ses efforts créateurs. Mais pourrois-je passer
sous silence le sacrifice qu'il portoit à l'Égalité, lorsqu'il provoqua de toute sa force et
de tout le torrent de son éloquence, l'abolition de la noblesse héréditaire ? Mais quoi ? --
Pourquoi parlerois-je de sacrifice ? Non; ce
ne fut point un sacrifice , ce fut une douce
jouissance pour le philosophe, de pouvoir
détruire un préjugé qui, de tous les tems ,

fut la source impure de tous les maux dont le genre-humain fut inondé. Dites toujours, vils calomniateurs, dites, que ce ne fut que par un esprit de vengeance, que Mirabeau tâcha d'anéantir les prérogatives des parchemins! Lâches détracteurs! vous ne connoissez pas les élans d'un génie supérieur! vous ne jugez les hommes que d'après les suggestions trompeuses de votre amour-propre : vous êtes incapables de concevoir comment un homme peut, de son chef, renoncer à un droit chimérique, réprouvé par son cœur et par ses principes. Sachez qu'il existe une noblesse plus réelle, que celle dont vous déplorez la perte ; une noblesse, dans la possession de laquelle il est aisé de se passer de celle qui repose sur un préjugé barbare. Sachez que le philosophe doit rougir, lorsqu'il se croit honoré parce que le hasard l'a fait naître d'une telle mère plutôt que d'une autre. Sachez que Mirabeau détesta la noblesse avant qu'il pût songer à l'anéantir. Sachez que Mirabeau tâcha de décréditer et de ridiculiser par ses écrits, ce que dans la suite il détruisit par ses travaux législatifs. Sachez que la dignité de l'homme et le sentiment de sa grandeur personnelle lui valoient mieux que les armes et l'orgueil héraldique avec lesquels vous insultiez jadis à l'espéce humaine.

Mirabeau ne perdit rien en renonçant à sa noblesse. Il fut *noble* dans un sens infiniment plus sublime; il fut le bienfaiteur de sa nation, le bienfaiteur de l'humanité. — Hélas! pourquoi une mort prématurée l'arracha-t-elle des bras de sa patrie frémissante!

Pourquoi devoit-il mourir, avant d'avoir fini son grand édifice ! Que ne vit-il le jour, auquel un ministre perfide annonçoit aux représentants de la Nation la fuite honteuse de son premier fonctionnaire ! Hélas, alors Mirabeau n'étoit plus : alors Péthion et Robespierre se voyoient seuls sur le champ du combat : alors les Barnave, les Lameth et les Chapelier s'étoient déjà vendus : alors le chef-d'œuvre de la sagesse humaine alloit être mutilé par des manœuvres hypocrites : alors on fouloit aux pieds les droits de nos frères dans les colonies : alors on aiguisoit les griffes du pouvoir exécutif : alors on prêchoit la confiance dans les intentions d'un roi qui venoit de trahir son souverain ! Et tu n'étois plus, Mirabeau ! Tu devois succomber avant la fin de ta carrière glorieuse. Tu devenois la proie des vers, tandis que les valets de la cour et les avocats des tyrans, souillèrent la tribune par les effusions de leurs ames impures. Ah ! que ne pouvois-tu y monter, pour écraser de la foudre de ton éloquence, les lâches orateurs du despotisme ! que ne pouvois-tu achever le triomphe de la liberté et l'extinction de l'esclavage ?

Et c'est aujourd'hui le jour où tu fus enlevé à la patrie, à l'humanité. Ah ! mes frères, versons sur son tombeau des larmes de douleur, des larmes de reconnoissance, des larmes de regret ! Que dis-je ? Non ; ne pleurons pas ; agissons ; tâchons de perfectionner le plan que Mirabeau nous avoit tracé ; tâchons d'achever ce qu'il ne put achever lui-même. Il est mort ; mais ses principes ne sont point morts avec lui ; ils vivent dans

nos cœurs, et le moment est peut-être très-
prochain qui en commandera le développement. Ou nous serons *parfaitement* libres,
ou nous mourrons tous. Une liberté incom-
plette est un esclavage complet. Malheur à
quiconque osera s'opposer à nos efforts et
à nos justes désirs. Qu'il périsse, ou qu'il
marche sur nos cadavres à son but criminel!

Voilà les sentiments qui doivent régner
dans le cœur de tout vrai *Jacobin*. Puisse
la mémoire de Mirabeau les nourrir, les
fortifier dans les nôtres! puisse-t-elle surtout
échauffer les tendres cœurs des jeunes amis
de la Constitution! Ah! chers enfants, espérance de la patrie, joie de mon cœur, fa-
voris de l'innocence, prémices de la liberté!
puissiez-vous n'oublier jamais ce que fut
Mirabeau! Que son exemple soit toujours
présent à vos yeux! qu'il excite votre ému-
lation! qu'il vous inspire une sainte ardeur
pour acquérir toutes les connoissances, par
l'application desquelles vous pourriez un jour
être utiles à votre patrie. Car, mes amis,
l'homme qui ne pense pas, reste toujours
esclave.

Vous aussi, Citoyennes, vous avez voulu
célébrer avec nous la mémoire de Mirabeau.
N'oubliez pas que l'achèvement de l'édifice
que ce grand homme a commencé, dépend
en grande partie de vos soins, de votre vigilance. N'oubliez pas que le dépôt de notre
liberté est entre vos mains. C'est à vous que
la patrie a confié l'éducation de ces tendres
rejettons auxquels vous avez donné ou à
donner l'existence. Gardez-les, soignez-les;
faites-en des hommes vertueux; car sans mo-

ralité il ne subsiste point de constitution,
et sans vertu point de liberté.

Quant à vous, mes Frères, je n'ai plus
rien à vous dire. Vous connoissez vos de-
voirs, votre destination sublime. Vous êtes
membres de cette société qui se glorifie
d'avoir eu Mirabeau à sa tête : vous avez juré
de vivre libres ou de mourir : vous vous êtes
rassemblés aujourd'hui autour du buste de Mirabeau, pour renouveller ce serment sacré.
Que nos ennemis l'entendent et qu'ils trem-
blent ! Depuis quelques mois nous sommes
en plus petit nombre qu'autrefois ; mais notre
énergie et nos principes sont, et seront éter-
nellement les mêmes.

Nous sommes forts, nous sommes invincibles tant que nous resterons fermes et unis.
S'il y a quelqu'un parmi nous, auquel sa
fortune et sa famille soient plus chères que
la cause de la liberté, qu'il sorte de notre
sein. Nous le délions de son serment. Mais
vous tous, qui avez le cœur pur, approchez
du buste de Mirabeau, élevez les mains, et
faites retentir jusqu'aux trônes des tyrans le
symbole des vrais François : LA LIBERTÉ,
OU LA MORT!

DISCOURS

PRONONCÉ le même jour et à la même occasion, par PHILIBERT SIMOND, membre de la Société des Jacobins séante à Strasbourg.

CITOYENS,

A la suite d'un long assoupissement dans les ténèbres de l'ignorance et de la superstition, l'homme s'est enfin réveillé; il a repris le fil de ses expériences, une activité plus générale et mieux dirigée. Les mortels font par-tout entr'eux le commerce et l'échange de leurs idées, de leurs découvertes, de leurs expériences et de leurs opinions : des inventions ingénieuses facilitent la propagation des idées premières : des ouvrages immortels ont porté les coups les plus sûrs au mensonge : l'erreur de toute part chancelle et s'écroule : de toute part on cherche avidement la vérité, et des cris universels appellent par-tout la raison : l'homme ne veut plus vivre d'illusions et d'impostures; il lui faut absolument une pâture plus honorable, plus solide, plus saine et plus digne de lui; sa curiosité se porte irrésistiblement vers des objets utiles : les peuples forcés, même par leurs besoins, songent par-tout à réformer des abus, à s'ouvrir des routes nouvelles à la lumière, et à perfectionner leur sort : les

droits de l'homme ont été décrétés ; les loix
ont été examinées et simplifiées : la superstition s'affoiblit, et ses convulsions sangui-
naires en plusieurs endroits sont encore un
signe de plus de son agonie : par-tout les peuples cherchent à devenir plus raisonnables,
plus libres, plus industrieux et plus heureux :
la vérité, semblable à un soleil vivifiant qui
chasse les brouillards et les ténèbres à son
lever, va balayer pareillement l'atmosphère
moral du monde, et tel qu'un fleuve vaste
et rapide, entraîner, en parcourant le globe,
tout ce que l'ignorance et la méchanceté
forment de barrière et d'obstacle à son cours.

O MIRABEAU! tu fus pour la France ce
fleuve profond et impétueux dont le cours
rapide entraine les nations, et dont les inon-
dations bienheureuses porteront à tous les
peuples la fraîcheur et la fécondité : tu fus
pour la France ce soleil vivifiant dont un
long crépuscule, et par intervalle quelques
rayons bienfaisans nous annonçoient l'aurore;
et semblable à l'astre du jour qui ne retro-
grade jamais, il te sera donné de parcourir
et d'éclairer l'univers dans ta course.

Ombre majestueuse de Mirabeau! ame
sublime qui reçois aujourd'hui nos hommages et le tribut de nos cœurs, si ton existence embrassa la nature, tu vivras autant
qu'elle.

Périsse aujourd'hui, et périsse pour jamais
le systême désespérant qui fait graviter l'espèce humaine vers l'anéantissement, qui veut
absolument éteindre, dans l'abîme de la tombe, ce feu céleste qui anima les ames des
grands-hommes, et qui au moment même

où

où elles semblent n'habiter qu'un corps décrépit et sans ressort, marquent encore sur un cadran usé toute l'énergie du génie et le symbole de l'immortalité.

Ah! Frères et amis, les apôtres du néant, sont ces tyrans politiques et religieux qui enchaînent la pensée et les forces de l'homme libre, pour empêcher qu'elles ne prennent leur essor; qui paralysent ainsi les facultés de son ame, et voudroient par la nullité absolue à laquelle ils la condamnent, faire croire qu'il n'en existe pas.

Les apôtres du néant, sont ces êtres passifs, qui dans leur longue vie n'ont point fait de bien à la terre : ces consciences cadavéreuses qui se sont mêlées parmi les crimes de l'intrigue, de l'envie, et les scandales de l'ambition jusqu'au bord de leur tombeau : ces sophistes insolens et méprisés qui ont souillé la gloire et la vertu, en composant l'une et l'autre de l'opprobre et du malheur des nations ; qui ont chanté les destructeurs des peuples, célébré leurs victoires inhumaines, et qui leur montroient la véritable gloire sur les décombres fumans de nos maisons, de nos temples et des chaumières embrasées.

Les apôtres du néant, sont ces Tartuffes misérables, hypocrites, insolens, intéreſſés et dangereux, qui ont vendu leur plume au mensonge et prêté à l'auteur de la nature, des paſſions malfaisantes et des oracles équivoques, indignes de l'immensité de son intelligence, pour donner une importance tyrannique à des prêtres avares, égoïstes et menteurs.

C

Les apôtres du néant, sont ces oppreſſeurs dévorés de remords, continuellement altérés de la fortune et de la liberté de l'homme foible, et qui cherchent à couvrir de l'éclat éblouiſſant d'un triomphe criminel, et de leur joie fauſſe et immodérée, les cris déchirans de l'indigence affamée, qui se perdent dans les airs avec les malédictions dont ils accablent leurs tyrans.

Toutes ces espèces de gens ont le plus grand besoin de croire que tout meurt avec eux; il faut bien qu'ils s'aveuglent et sur la justice de la Providence, qui rend à chacun selon ses œuvres, et sur l'opprobre que doit imprimer à leurs cendres la postérité des hommes qu'ils ont aſſaſſinés.

Mais l'ame de Mirabeau, bienfaisante comme la divinité, heureuse du spectacle de l'harmonie universelle ne mourra jamais: elle amplifie au contraire son existence, là où semble finir celle de l'homme ordinaire elle eſt au milieu de nous, elle erre sur nos têtes, et si elle étoit arrêtée de préférence sur quelqu'un d'entre nous, c'est certainement sur le citoyen modeste et courageux, qui croit davantage à la religion de son serment, et á la nécessité de tout sacrifier pour vivre libre ou mourir.

Citoyens, ne laissons pas sortir son ombre religieuse de cette enceinte, sans tâcher par un acte effectif de bienfaisance d'affaiblir l'humiliante disproportion, que l'inégalité des fortunes, établit entre des hommes qui naiſſent égaux en droits et meurent de même : au nom du pauvre rappellons-nous tous cette sublime pensée d'un grand homme. « *Tant*

„ *qu'un individu souffre, nul honnête homme ne*
„ *peut avoir du superflu.* „ Ah ! rappellez vous
surtout, citoyennes généreuses, qu'il existe
de vos semblables, qui dans la dernière des
misères payent péniblement à la nature le
tribut de la maternité, et qu'alors la société
doit se charger d'en nourrir l'offrande, et de
corriger par ses largesses, par l'inspiration
du sentiment, les désordres de la misère
que les passions y ont fait naître.

Rappellons-nous tous qu'il n'eſt rien de
grand dans la nature comme le citoyen
vertueux, et lorsque nous rencontrons un
de nos frères ; (car, citoyens, de quel culte,
de quelle opinion, de quel pays qu'on soit,
c'est toujours son frère que l'on rencontre
quand on rencontre un homme :) ainſi,
quand nous rencontrons un de nos frères,
s'il porte les haillons de l'indigence ; si sa
chair est couleur de la misère et du besoin ;
si une peau livide et errante sur des os des-
séchés, nous annonce un corps sans élasti-
cité et sans vigueur, c'est toujours notre
faute si l'ame qui l'habite s'y promène sans
énergie, sans puissance et sans vertu ; et
de tels hommes, tant qu'il en existera, dé-
poseront toujours contre la sensibilité du
riche, la perfection et la vigueur des loix.

Tous les hommes naissent sans force,
sans ressources et sans droit, et conséquem-
ment un pauvre ne peut défendre sa patrie
qu'avec les moyens qu'elle lui fournit en
s'occupant de son existence ; et c'est ce principe, que j'invoque en ce moment pour le
nécessiteux : nos joies sont toujours incom-
plettes, quand elles ne s'étendent pas à tous

ceux que nos sentimens peuvent embrasser : fesons donc aujourd'hui une offrande à l'indigent sur l'autel de l'égalité ; imitons l'ame de Mirabeau ; vivons tous pour la cause commune ; que notre dernier vœu en quittant la terre, soit pour la plus grande prospérité de tous ceux qui l'habiteront après nous ; et si dans les espaces immortelles, où les ames des grands hommes jouissent de leurs vertus ; il manquoit quelque chose à leur félicité, croyons qu'on ne peut rien ajouter à celle de Mirabeau, que le spectacle du bonheur universel du peuple françois.

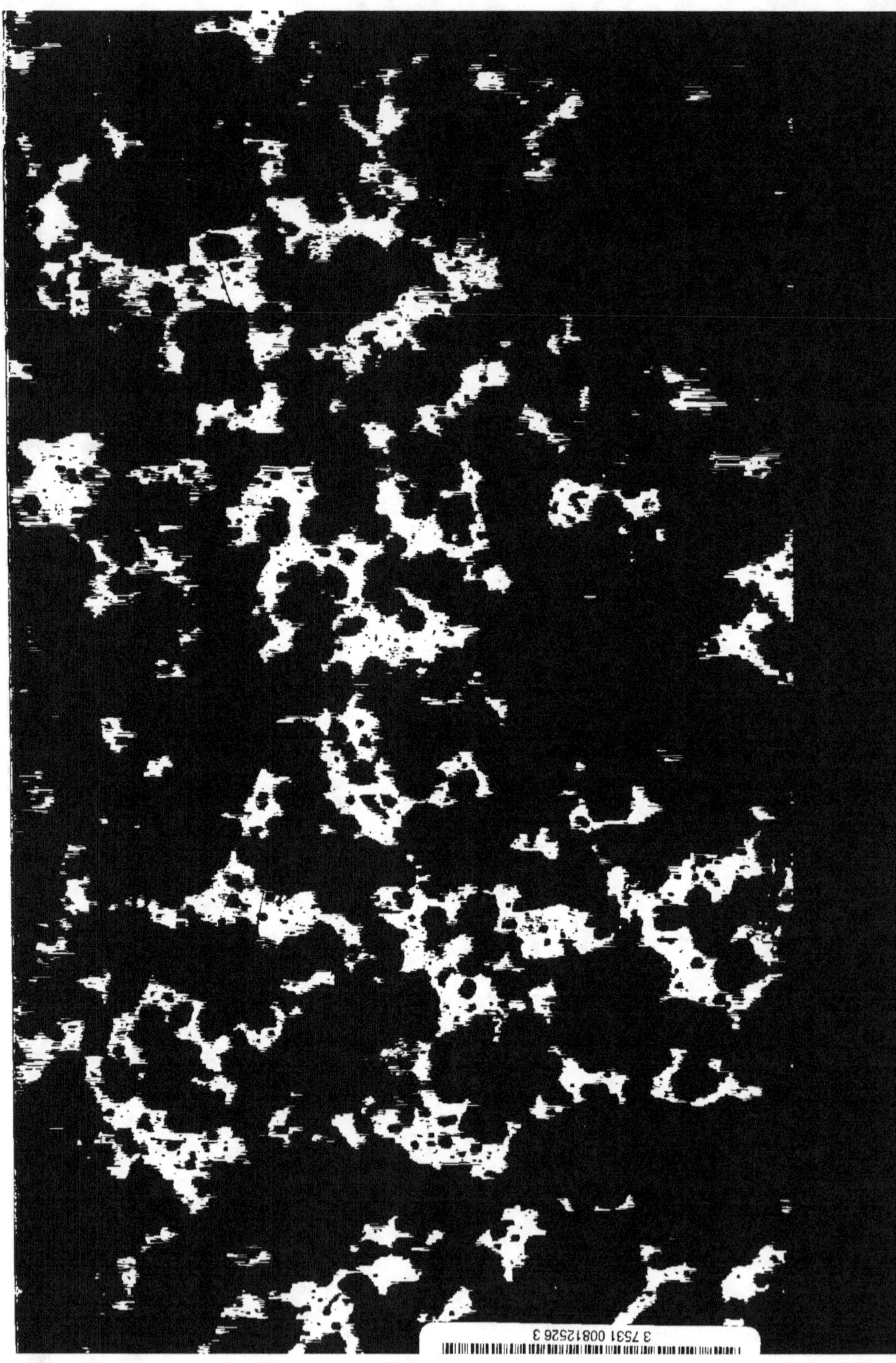

www.ingramcontent.com/pod-product-compliance
Lightning Source LLC
Chambersburg PA
CBHW061235030726
47595CB00004B/1543